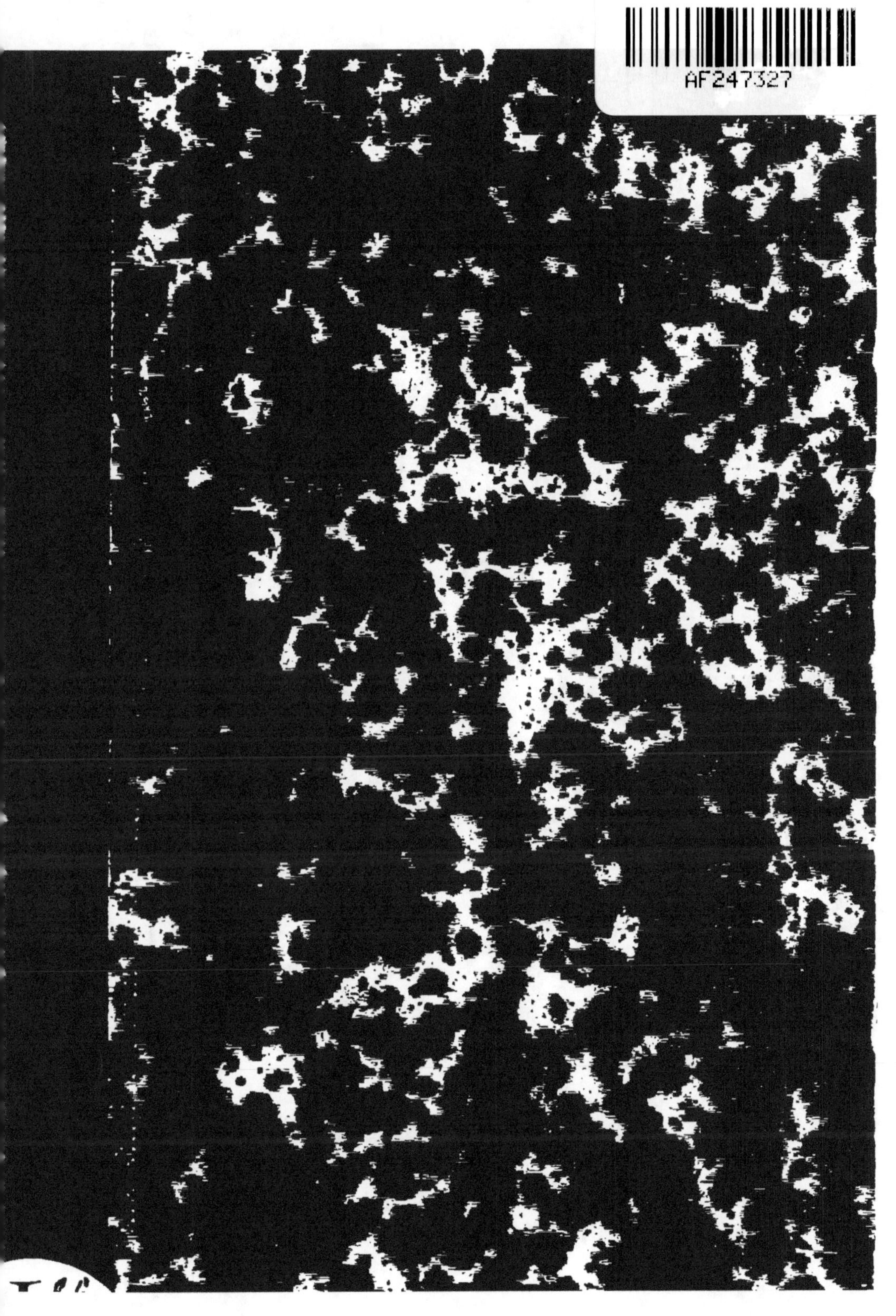

LES ÉPOQUES

DE LA NATION FRANÇAISE,

ET LES

QUATRE DYNASTIES;

Par BERTRAND BARÈRE.

A PARIS,

Chez L. COLAS, Impr.-Libr., rue du Petit-Lion-Saint-
Sulpice, en face de la rue Garencière;
DELAUNAY, Libr., Palais-Royal, galeries de bois.

23 MAI 1815.

LES ÉPOQUES

DE LA NATION FRANÇAISE.

RÉSULTATS HISTORIQUES.

Dᴀɴs les circonstances extraordinaires où se trouve la France, entièrement occupée *de la conservation de ses libertés et de la défense de ses frontières,* on ne doit lui présenter que des ʀÉsᴜʟᴛᴀᴛs ʜɪsᴛᴏʀɪQᴜᴇs et des ʀÉsᴜʟᴛᴀᴛs ᴘᴏʟɪᴛɪQᴜᴇs. Chaque citoyen verra ainsi facilement ce que fut la nation, ce qu'elle est, et ce qu'elle doit être. Il ne faut à un peuple vif et spirituel que des aperçus analytiques, et des faits positifs, pour comparer le présent avec le passé ; et pour coordonner la situation actuelle avec l'avenir. Il ne faut à des Français que des traits et des souvenirs pour pouvoir juger les causes de l'élévation et de la décadence de ses divers gouvernemens, ainsi que les motifs de l'exagération et de la dégénération de ses changemens politiques.

Quels sont donc les résultats vrais de notre histoire ? Un coup d'œil jeté rapidement sur les annales de la France aperçoit les mœurs politiques de la nation sous les formes suivantes :

Depuis Clovis, c'est-à-dire, depuis le sixième siècle jusqu'au huitième, il n'y a en France qu'une démocratie guerrière, avec des bénéfices militaires amovibles : la masse de la population était dans l'esclavage.

Depuis le huitième siècle, Charles-Martel et Pépin sont à la tête d'une *aristocratie militaire*, avec des *bénéfices viagers :* la masse de la nation était attachée à la glèbe. Charlemagne tempère quelque temps cette *aristocratie* par la fréquence des champs de mai, par la sagesse de ses capitulaires, et l'occupe surtout par ses guerres extérieures. Il y avait une armée, une noblesse, un ordre clérical, mais point de nation.

Bientôt cette nombreuse aristocratie dégé-
nère en une *anarchie féodale*, que les faibles successeurs de Charlemagne ne peuvent
plus arrêter. Il n'y avait plus que des sei-
gneurs, des vassaux et des vilains.

Au dixième siècle, *Hugues Capet* régu-
larise et concentre la féodalité en la rendant
héréditaire ; mais son fils Robert et ses successeurs sont en proie à *l'aristocratie sacerdotale*, en attendant qu'ils aient à lutter
contre *l'aristocratie nobiliaire*, devenue
propriétaire absolue des bénéfices militaires
et des peuples vendus, partagés et disputés
comme de vils troupeaux.

Il faut se traîner à travers les temps de
barbarie jusqu'au douzième siècle, pour
voir les premières traces d'une nation qui
va se former. Louis VI, surnommé *le Gros*,
invente au profit du fisc les *lettres d'affran-
chissement des communes*, qui s'adminis-
trent et qui échappent ainsi à l'aristocratie
féodale.

Au treizième siècle, Louis VIII donne la
liberté aux paysans ; le corps de la nation
commence par les communes affranchies,

et s'accroît par les cultivateurs devenus libres. Si l'aristocratie sacerdotale décroît un instant, l'aristocratie féodale fait des progrès si étonnans, qu'il fallut toute l'influence de Louis IX, dit *Saint-Louis*, pour faire une courte trève aux disputes religieuses.

Au quatorzième siècle, Philippe-le-Bel, au milieu de ses dilapidations monétaires et des horreurs de la proscription des Templiers, cherche à échapper à la double aristocratie des prêtres et des nobles, en appelant les *communes* aux assemblées d'*états généraux*, sous le titre modeste de *tiers-état*. Ainsi le pouvoir royal, pour s'émanciper du joug de l'aristocratie, commence à s'appuyer sur le peuple en lui donnant un vote dans la législation et l'administration publique.

Il faut traverser jusqu'au milieu du quatorzième siècle, le triste règne des Valois, dont l'un est vaincu par les Anglais à la bataille de *Crécy*, dont l'autre est fait prisonnier par eux à la bataille de *Poitiers*, dont le troisième voit la France envahie par les troupes insolentes de Henri V, roi d'Angleterre, après la bataille d'*Azincourt*; il faut traverser ces misérables règnes, remplis par les factions des nobles, par la défection des troupes féodales et par les sourdes intrigues des prêtres et des moines, jusqu'à ce que Charles VII réveille la nation et invoque l'honneur français, pour expulser les usurpateurs vomis par les îles britanniques.

Vers la fin du quinzième siècle, Louis XI établit les postes et l'imprimerie, attaque violemment la puissance de la noblesse; la monarchie commence, mais il pose tous les fondemens du *despotisme royal*. Ainsi quand la France échappe des mains incertaines de l'aristocratie des nobles, elle tombe dans les griffes du pouvoir absolu des rois.

Si l'on voit au seizième siècle la civilisation, sous François Ier., s'emparer de l'heureuse influence des arts et des sciences, dont l'aurore avait paru sous Charles V, dit *le Sage*, et sous Louis XII, *Père du peuple*, la France ne tarda pas à retomber sous le joug de l'aristocratie sacerdotale, et à couvrir sa tête d'un crêpe funèbre sous le *roi bour-*

reau (1) Charles IX, et sous la machiavélique Catherine de Médicis. Ainsi, les Français passaient tour à tour sous la domination aristocratique des nobles et des prêtres, ou sous le barbare despotisme des rois.

Si les Bourbons règnent dans les dernières années du seizième siècle, ce n'est que pour nous montrer un instant la grande âme de Sully dirigeant le cœur et l'esprit chevaleresque de Henri IV. Mais le couteau de Ravaillac rejette la nation dans les bras du despotisme exercé par deux prêtres à l'ombre du trône. Si Richelieu continue d'abattre l'aristocratie de la noblesse déjà attaquée par Louis XI, le Sicilien Mazarin relève l'espérance de l'aristocratie sacerdotale et féodale par le trouble de sa politique, et par la confusion et les désordres de son administration. L'affaiblissement du corps entier de la nation livrée de nouveau, par sa dissimulation italienne, et par son ambition, aux dissensions civiles, et aux doubles intrigues de la cour de Marie d'Autriche, et de l'enfance de Louis XIV, prépara les voies au

____

(1) Expression du poëte Lebrun, dans ses Odes.

despotisme brillant et hautain de Louis XIV, qu'exploitèrent avec un égal succès la noblesse devenue courtisane , et le sacerdoce devenu politique.

Le dix-huitième siècle présente la *féodalité* comme un *ridicule* sur le théâtre , et comme un *laquéisme* à la cour. Une autre partie de la noblesse, qui n'était ni riche ni corrompue, ne quittait les rangs de l'armée que pour se retirer dans des châteaux sans souveraineté, ou pour vivre dans la société, sans opinion. *L'aristocratie ministérielle* , née sous Louis XIV, exerçait depuis cette époque, avec une scandaleuse impunité, le pouvoir royal , dont elle s'emparait par audace sous la régence , qu'elle exploitait par corruption sous Louis XV, et qu'elle prodiguait vilement sous Louis XVI.

A la fin du dix-huitième siècle l'aristocratie parlementaire ou magistrale semblait avoir hérité de la morgue de la noblesse et de l'habileté du sacerdoce. Cette moderne aristocratie robinesque tenait, depuis Louis XIV, les rois en tutelle par l'enregistrement des lois et des impôts, influait sur toutes les classes de citoyens par le pouvoir de juger, de statuer sur les propriétés, et d'exercer judiciairement le droit de vie et de mort; tandis qu'elle tenait en échec la masse de la nation, privée, par l'usurpation du parlement, de tous ses droits, du pouvoir de s'assembler, et de la triste prérogative de présenter des *cahiers de doléance.*

En 1789, la révolution commence; l'esprit public renaît; les aristocraties sacerdotale, nobiliaire, féodale, parlementaire et ministérielle, frémissent à la vue des droits du peuple Français, proclamés et constitués par une ASSEMBLÉE NATIONALE. Ces aristocraties épouvantées, vaincues, mais non détruites, se liguent par l'émigration, appellent l'étranger pour asservir la France, et épient le sommeil de la nation comme un moment favorable pour se reproduire un jour sous de nouvelles formes, soit à la suite des fatigues inséparables des révolutions, soit en se déguisant sous les principes constitutionnels, soit en marchant réunies et coalisées à la suite du pouvoir représentatif, ou du pouvoir monarchique.

La première époque présente une démocratie royale (1791).

La seconde époque fut une démocratie absolue (1793).

À la troisième époque, une aristocratie sous couleur républicaine (1795).

Dans la quatrième époque, on vit un fantôme de république sous la monarchie consulaire (1800).

La cinquième époque ne dissimula plus ses formes politiques. Ce fut la monarchie sans limites, sans contre-poids, et attelant toutes les aristocraties anciennes et modernes à son char triomphateur. Le despotisme couvrit par de vastes projets et par une gloire immense sa marche concentrée. La nation fut mise en oubli, et ses droits furent mis en exécration, sous le nom d'anarchie, de démocratie et de républicanisme. L'opinion publique n'environna plus le trône ébranlé ; et les hordes étrangères vinrent souiller et envahir la terre de la liberté.

Ainsi, en se résumant, les Français ont eu dix siècles d'aristocratie sacerdotale, féodale et nobiliaire; trois siècles de despotisme royal, ministériel et parlementaire; quarante ans de guerres civiles sous les Valois; cinquante ans de dissensions civiles, de troubles religieux sous les Bourbons; vingt-cinq années de changemens politiques, de guerres civiles et étrangères pendant la révolution; et il n'y a pour la nation, pour la démocratie, que les six années qui se sont écoulées depuis 1789 jusqu'à 1794. Il n'y a eu de suspension pour les diverses aristocraties, que depuis la constitution de 1791 jusqu'à la constitution de 1804.

Après avoir parcouru rapidement les diverses époques de la nation française, et les divers changemens politiques qu'elle a éprouvés, examinons quelles ont été la marche et l'action des quatre dynasties, ainsi que leur influence sur les droits et la souveraineté du peuple.

LES
QUATRE DYNASTIES.

RÉSULTATS POLITIQUES.

Eɴ recueillant quelques leçons et quelques vérités de cette rapide analyse de l'Histoire de France, nous trouvons démontré par les faits les plus authentiques : 1°. que la *souveraineté du peuple* a été établie, reconnue et exercée sous chacune des quatre dynasties pendant les *premières périodes* de leur existence, soit sous le nom de *Champ de Mars*, soit sous le nom de *Champ de Mai*, ensuite sous le nom d'*États Généraux*, puis sous le nom d'*Assemblée nationale*, et enfin sous le nom de *Corps législatif.* 2°. Que la *souveraineté du peuple* a été d'abord opprimée insensiblement et ensuite ouvertement usurpée par chacune des quatre dynasties pendant *la seconde période* de leur pouvoir. 3°. Que la souveraineté du peuple une fois méconnue et usurpée, a dégénéré en anarchie *armée, féodale, fiscale* et *militaire* sous les quatre dynasties dans les *dernières périodes* de leur durée. 4°. Que le remède à tous les fléaux politiques est dans l'exercice franc et complet de la souveraineté du peuple, souveraineté qui ne doit plus être illusoire et nominale, mais fondée sur une bonne constitution, défendue par la liberté de la presse, et protégée contre toute usurpation par la nation toute entière. 5°. Que le premier établissement des Francs dans les Gaules fut basé sur les mêmes principes de liberté publique, d'égalité légale et d'indépendance politique, que le sera l'établissement moderne des Français dans leur liberté, et tels qu'ils ont été consacrés dans les diverses constitutions depuis 1789 jusqu'en 1815.

Il suffira de quelques développemens historiques pour démontrer ces cinq propositions.

En premier lieu, les droits de la nation ou la *souveraineté du peuple* ont existé, et ont été organisés dans les premiers temps de l'établissement des Francs dans les Gaules. Nos ancêtres en ont joui dès le sixième siècle jusqu'après les petits-fils de *Clovis*. Ils avaient leur *assemblée générale et annuelle du Champ de Mars*, dans laquelle ils délibéraient avec le *prince* de tout ce qui pouvait intéresser le bien de l'état. Ils ne regardaient les rois que comme leurs *chefs*, et non comme leurs *souverains*. Ils se disaient *sujets de la loi*, et non *sujets d'un homme*. Cependant les rois finirent par opprimer la nation; par usurper ou laisser usurper les droits du peuple par les aristocraties de la noblesse et du clergé, soit par violence, soit par artifice, soit par faiblesse. Telle fut la PREMIÈRE DYNASTIE, qui disparut après une *anarchie armée*.

En second lieu, la souveraineté du peuple est reconnue de nouveau par l'usurpateur *Pépin d'Héristal*, maire du palais, et bien plus solennellement par *Charlemagne*, qui protège le peuple dans les *assemblées du Champ de Mai*, pour lui rendre la liberté, et qui contient l'aristocratie des grands pour les empêcher de l'opprimer; mais le peuple, manquant d'énergie et de lumières, retombe dans le néant sous les faibles successeurs de Charlemagne. Les deux aristocraties des *fiefs* et de *l'autel* l'accablent de nouveau et usurpent les pouvoirs publics. Les *capitulaires*, qui avaient été ratifiés par les *assemblées de la nation réunie au Champ de Mai*, n'étaient plus exécutés, ainsi que les lois formées dans ces assemblées qui ne présentèrent plus que des troubles et des divisions. Telle fut la SECONDE DYNASTIE, laissant dépouiller le peuple de ses droits et le trône de son pouvoir, au milieu d'une *anarchie féodale*.

En troisième lieu, si les droits du peuple et sa souveraineté sont encore méconnus par l'usurpateur *Hugues Capet*, qui ne trouve d'appui que dans l'ambition héréditaire de la noblesse et dans l'orgueilleuse avarice du clergé, au moins un des rois de cette troisième race, *Philippe-le-Bel*, assemble la nation sous le titre d'*états généraux*.

Il y introduit pour la première fois les *communes* : dès lors les états généraux remplacent les assemblées du *Champ-de-Mars*

de la première race, et le *Champ-de-Mai*
de la seconde. La souveraineté du peuple
était un dogme politique si indestructible
en France, qu'elle est constamment reconnue, même sous la mauvaise branche des
Valois. Il fallut tout le despotisme d'un prê-
tre, d'un cardinal, d'un gentilhomme, d'un
Richelieu, pour ravir aux Français, sous *les
Bourbons*, le droit de convocation des états
généraux, pendant les règnes de Louis XIII,
Louis XIV, Louis XV, et pendant les qua-
torze premières années du règne de Louis XVI.
Telle fut la *troisième* dynastie, entièrement
semblable aux deux premières, c'est-à-dire,
usurpatrice d'abord, et ensuite *usurpée*. Les
rois forts opprimaient la nation ; les rois faibles la laissaient opprimer. Il ne régnait en
France, à cette époque, que l'*anarchie du
fisc, du ministre et des ordres privilégiés.*

En quatrième lieu, lors de la décadence
des Capétiens, Louis XVI est obligé, par le
mauvais état des finances et par la force de
l'opinion publique, de convoquer les *états
généraux*. Les trois aristocraties du clergé,
de la noblesse et des parlemens se réveillent,

et veulent tenir la nation en tutelle *par la forme des derniers états généraux de* 1614. Aussitôt la *souveraineté du peuple* reprend toute son énergie ; les *assemblées nationales* constituante et législative sont substituées aux impuissans états généraux. La France déclare ses droits, divise et organise ses pouvoirs sous le roi qu'elle institue, et proclame bientôt après une forme de gouvernement plus libre, sous un roi qu'elle condamne.— Agitée, tantôt par les violences de sa révolution, tantôt par les calamités de l'anarchie ; effrayée tour à tour de la trop grande intensité du gouvernement républicain et du relâchement machiavélique du gouvernement directorial ; la nation est obligée de se donner un chef sous le nom de *consul,* qui fonde bientôt après une *quatrième dynastie.* Si elle prend sa source dans la souveraineté du peuple, elle prend ses développemens dans l'ambition du trône, et ses excès dans les illusions de la conquête. La gloire militaire est au plus haut degré ; mais la souveraineté du peuple devient illusoire. De nouvelles aristocraties profitent à la fois de l'influence et de l'égarement du prince.

Les assemblées nationales deviennent muet-
tes et veuves de la souveraineté du peuple.
Ainsi la quatrième dynastie vit dans les
quinze premières années de sa puissance, son
élévation, ses progrès, sa décadence et son
abdication ; tant il est vrai qu'un monarque
n'est rien quand il n'est pas soutenu par la
nation et par l'opinion publique : nous étions
dans l'*anarchie de la gloire.*

En cinquième lieu, un instant l'on voit
la France envahie, mais non vaincue par
les hordes étrangères. Les barbares du Nord
et de l'Occident lui reportent les débris de
la troisième dynastie, dont le chef ne fut
qu'un usurpateur, dont la seconde branche
nous donna des tyrans, et dont la troisième
branche ne produisit que des faiseurs de
guerres civiles et de dettes publiques. A
peine dix mois se sont écoulés dans l'*anarchie paternelle* des derniers Bourbons, que
la nation se ressaisit de sa souveraineté par
la force même des circonstances qui la lui
avaient ravie. Le glorieux fondateur de la
quatrième dynastie est rappelé par les vœux
du peuple et par les souvenirs de l'armée.

La souveraineté de la nation est de nouveau proclamée, et reconnue pour n'être pas abandonnée aveuglément aux ambitions des princes, aux artifices des politiques, aux invasions des conseillers d'état, à l'indifférence et à l'égoïsme des sénateurs, aux brillantes usurpations de la gloire, aux confusions systématiques des règlemens constitutionnels, et aux passions factieuses ou turbulentes des représentans.

Un *nouvel Empire français* s'élève à la voix d'un GRAND HOMME, et d'un PEUPLE SOUVERAIN......

La nation, éclairée par le triste flambeau de l'expérience, épurée au creuset du malheur pendant vingt-cinq années, peut et doit aujourd'hui tout consolider par sa sagesse, tout comprimer par sa puissance, tout limiter par sa prévoyance, tout déléguer par ses droits, tout organiser par sa souveraineté, et tout pacifier par son union... Le plus beau spectacle que puisse présenter l'histoire aux yeux de l'univers et de l'ÉTERNEL, c'est un peuple libre, qui ne veut ni conquérir ni guerroyer, mais qui ne permettra point qu'on établisse contre lui ni guerre ni conquête. Avec une bonne et sage constitution, avec un prince légitimé par la volonté nationale, la FRANCE SOUVERAINE est inviolable dans ses libertés comme dans son territoire; avec ses soldats citoyens, avec ses valeureuses armées, et un prince plein de génie et de gloire, la FRANCE LIBRE *est invincible.*

FIN.

DE L'IMPRIMERIE DE FAIN, PLACE DE L'ODÉON.

ON TROUVE

Chez les mêmes Libraires :

Théorie de la Constitution de la Grande-Bretagne, *ou* de ses trois Pouvoirs séparés et réunis; Ouvrage traduit de l'anglais de *Brooke ;* précédé d'un Avertissement du traducteur, et d'un Examen rapide des Constitutions qui se sont succédées en France depuis 1791 jusqu'en 1814. Par le même Auteur.